Sitzungsberichte
der Akademie der Wissenschaften
der DDR
Mathematik – Naturwissenschaften – Technik

15 N

1985

Ulrich Hofmann/Volker Kempe

Die 5. Rechnergeneration

AKADEMIE-VERLAG BERLIN

Sitzungsberichte
der Akademie der Wissenschaften
der DDR
Mathematik—Naturwissenschaften—Technik

Jahrgang 1985 · Nr. 15/N

Ulrich Hofmann/Volker Kempe

Die 5. Rechnergeneration

AKADEMIE-VERLAG BERLIN
1986

Vortrag, gehalten in der Klasse Informatik, Kybernetik und Automatisierung am 18. Mai 1985 und in der wissenschaftlichen Sitzung des Plenums der Akademie der Wissenschaften der DDR am 13. Juni 1985 von Volker Kempe, Korrespondierendes Mitglied der Akademie der Wissenschaften der DDR

Herausgegeben im Auftrage des Präsidenten der Akademie der Wissenschaften der DDR von Vizepräsident Prof. Dr. Heinz Stiller

ISBN 3-05-500008-0
ISSN 0138-3965
Erschienen im Akademie-Verlag Berlin, DDR-1086 Berlin, Leipziger Str. 3–4

Lizenznummer: 202 · 100/200/86
Printed in the German Democratic Republic
Gesamtherstellung: VEB Druckhaus Köthen
LSV 1095
Bestellnummer: 7636196 (2010/85/15/N)
00300

Was man in der Natur
Geheimnisvolles pries,
das wagen wir verständig
zu probieren,
und was sie sonst
organisch wachsen ließ,
das lassen wir kristallisieren

Goethe, Faust
(oder: Ziele für die 5. Rechnergeneration)

1. Die Ausgangspunkte

Die Entwicklung einer Reihe informationstechnischer Wissensgebiete und Technologien hatte Anfang der 80er Jahre einen Stand erreicht, der die Frage nach dem weiteren „Wohin?" mit immer größerem Nachdruck auf die Tagesordnung setzte.

1.1. Mikroelektronik

Die Mikroelektronik setzte ihr stürmisches Wachstum fort. Speicherchips mit 200000 Transistoren charakterisierten die in kommerziellen Produkten erreichten Integrationsgrade. Die 4. Generation der Mikroprozessoren wurde 1981 mit dem iAPX 432 – einem Mikroprozessor der Firma INTEL (USA) mit 32-bit Verarbeitungsbreite und 225000 Transistoren auf 3 Bausteinen – geboren.

Allein 1980 waren weltweit 130 Mio Mikroprozessoren verkauft worden. Eine Abschwächung der Wachstumsraten, die bereits 60% bezüglich Integrationsdichte/Jahr, 30% bezüglich Kostensenkung/Jahr und 16% bezüglich Chipfläche/Jahr erreichten, war nicht abzusehen. 10^6 Funktionselemente auf einem Chip waren in greifbare Nähe gerückt und machten die Beantwortung der Frage nach dem Funktionsinhalt der unübersehbar gewordenen riesigen Vielfalt möglicher Strukturen immer dringender. Bessere Speicher, leistungsfähigere Prozessoren und hochintegrierte dedizierte Anwendungslösungen entsprachen nicht mehr den potentiellen Möglichkeiten elektronischer Höchstintegration.

1.2. Rechentechnik

Die Rechentechnik als Hauptanwender der Mikroelektronik stand 1980 am Anfang einer Entwicklung, deren Konsequenzen selbst von den weitsichtigsten Prognosen nur recht unvollständig erfaßt wurden (siehe Abb. 1). Wurde das Ende der 3. Rechnergeneration durch Verbreitung von etwa 4000 automatisierten Steuerungssystemen (ASU) sowie 3500 Rechenzentren in der UdSSR (1979) bzw. 600000 Universalrechnern in den USA (1981) gekennzeichnet, so zeichneten sich mit dem Übergang zur 4. Rechnergeneration sprunghafte Wachstumsmöglichkeiten sowohl bezüglich der Leistungsparameter als auch der Verbreitung der Rechner ab. Die Leistungsfähigkeit der Mikrorechner war nämlich in einem Maße gewachsen, daß die leistungsschwä-

Rechnergenerationen	
Erste Generation 1950–1959	Zentralisierte Großrechner mit Paketverarbeitung Röhrenbestückt Sehr hohe Preise
Zweite Generation 1960–1968	Zentralisierter Einsatz in großen Organisationen Transistoren Geringere Kosten; kleinere Rechner tauchen auf
Dritte Generation 1969–1977	Prinzipiell neues Produkt – Minicomputer mit geringen Kosten und breiten Anwendungen insbesondere als integrierte Komponente in Steuerungs-, Vermittlungs- und Datenverarbeitungssystemen; Vernetzung und Dezentralisierung; späte 70er Jahre: Supermini Integrierte Schaltkreise (MSI) Geringe Kosten; über 100 Herstellerversuche
Vierte Generation 1978–	Personal-Computer als arbeitsplatzorientierte RT mit CRT, Tastatur, billigem Hauptspeicher, Floppy und ab 1982 mit kleinen Winchester-Speichern Extreme Dezentralisierung, breite Vernetzung, Verdrängung von Minicomputer und Großrechneranteilen; Supercomputer Integrierte Schaltkreise (LSI und VLSI) Besonders im PC-Bereich viele neue Hersteller: Commodore, Apple, Atari usw.; an 1. Stelle – IBM.

Abb. 1 Entwicklung der Rechentechnik nach Generationen

cheren Klein- und sogar Großrechner schon bald übertroffen und verdrängt wurden (siehe Abb. 2). Damit verbunden war die Herausbildung eines neuen Typs der Rechentechnik – des Personalcomputers (PC) –, der zum merkmalsbestimmenden Vertreter der 4. Generation der Rechentechnik avancierte. Klein, preiswert, nutzerfreundlich und für fast alle nur denkbaren Anwendungen geeignet, wurde bzw. wird der Personalcomputer zum Massenprodukt. Die individuelle bzw. arbeitsplatzbezogene Nutzung dieser Technik in praktisch allen Bereichen führt zu umfassenden Rationalisierungseffekten. Deren Quantifizierung wird jedoch immer schwieriger, da die hervorgerufenen Umwälzungen weniger die Effektivität herausgelöster, einzelner Arbeitsschritte betreffen. Vielmehr hat diese zunehmend durchgängige Breitenanwendung der Rechentechnik im Büro, in der Verwaltung, in der Medizin, bei der Produktionsvorbereitung, bei der Robotersteuerung usw. durch Erhöhung der Qualität der Informationsverarbeitungsprozesse und damit der effektiveren Neuordnung, Zergliederung und Integration der Arbeitsprozesse eine wesentliche Steigerung der Arbeitsproduktivität zur Folge.

Das dramatische Wachstum der Rechenleistung und des Verbreitungsgrades der Personalcomputer in führenden kapitalistischen Industriestaaten wird an Hand von Abb. 3 deutlich, wobei hier die sogenannten Heimcomputer, die im Verbund mit

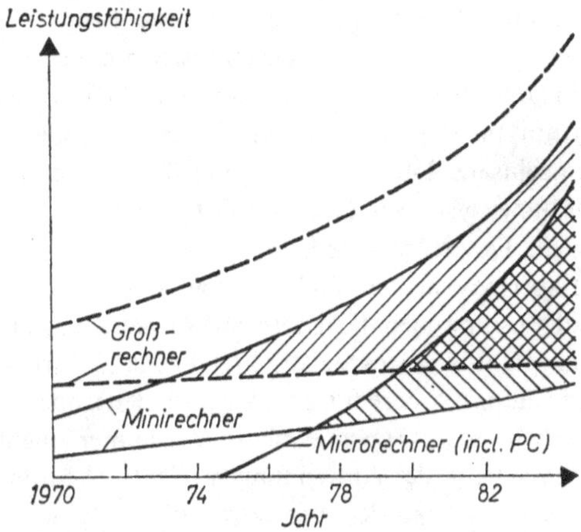

Abb. 2 Leistungsfähigkeit der verschiedenen Rechnerklassen

PC-Verkauf	1980	1981	1982	1983	1984	1985 Prognose
USA-Markt (Stück)	~1 Mio	~2,3 Mio	3,7 Mio	6,0 Mio	9,4 Mio	15 Mio
Japan (Stück)					1,5 Mio	

Abb. 3 Absatz von Personal-Computern in den USA und Japan (mit Heimcomputern)

kommerzieller Video- und Tontechnik verwendet werden, einen Anteil von 60–65% ausmachen dürften. Mit dem Personalcomputer wird der Rechner zum *individuellen* Arbeitsmittel, zum geistigen Handwerkszeug mit *Massencharakter*, das durch System- und Anwendungsprogrammgestaltung einen laufend wachsenden Anwendungsbereich angepaßt und – komfortable Dialogtechnik vorausgesetzt – von einem praktisch unbegrenzten Nutzerkreis akzeptiert wird. Die Vernetzung der PC schafft Zugriffsmöglichkeiten zu spezialisierten Daten- und Programmbanken sowie die Herausbildung vorher nicht möglicher kooperativer Arbeitsstile. Auch in den sozialistischen Ländern wird dieser Entwicklung verstärkt Aufmerksamkeit geschenkt und werden Schritte zur Forcierung des Tempos eingeleitet.

1.3. Künstliche Intelligenz

Die dritte Komponente, deren Entwicklungsmöglichkeiten dringend einer genauen Analyse bedurften und weiterhin bedürfen, ist die Künstliche Intelligenz.[1] 25 Jahre Erfahrungen bei der oft mühsamen Suche nach Verfahren zur rechnergerechten Wissenskodierung und zum Problemlösen hatten bis zum Anfang der 80er Jahre zum Aufbau vielfältiger wissensgestützter Systeme für Sprachverstehen, maschinelles Sehen, automatisches Programmieren und Theorembeweisen geführt. Mitte der 60er Jahre entstanden die ersten Expertensysteme, von denen inzwischen einige die für die kommerzielle Nutzung notwendige Reife erreicht haben. Im Jahre 1980 waren weltweit etwa 50 Expertensysteme prototypmäßig realisiert und in der Erprobung, einige wenige befanden sich im Routineeinsatz. Die seit Anfang der 80er Jahre einsetzende Entwicklung von Expertenrahmensystemen (shells) führte zu wesentlich kürzeren Entwicklungsfristen für spezielle Expertensysteme.

Wichtigste Anwendungsziele von Expertensystemen sind Unterstützung des Personals z. B. bei der medizinischen oder technischen Diagnose auf Expertenniveau, also bei der medizinischen Diagnose auf dem Niveau spezialisierter Fachärzte, sowie bei der Situationsbewertung und Entscheidungsvorbereitung. wobei auch der schnellen Entscheidungsunterstützung in kritischen bzw. Havariesituationen immer mehr Aufmerksamkeit gewidmet wird. Das Spektrum der Anwendungen reicht neben den vielfältigen medizinischen Diagnosesystemen von der Projektrisikobewertung im Bauwesen über Konfigurationsberatung beim Vertrieb von Rechnersystemen, die Analyse von Computerfehlerlisten, die Luftverkehrsplanung für Flugzeugträger, die Unterstützung der taktischen Zielführung in der Luft, die Bewertung potentieller Mineralöllagerstätten, die Beratung bei Wasserressourcenproblemen, die Unterstützung des Entwurfs höchstintegrierter Schaltkreise bis zur Diagnose von Fabrikationsproblemen bei der Fertigung integrierter Schaltkreise und zur Experimentplanung in der Gentechnik sowie zur rechnergestützten Ausbildung. Jedoch waren all die erarbeiteten Lösungen – die Systeme zum Sprachverstehen, Programmieren und Theorembeweisen eingeschlossen – noch weit von der erwarteten Leistung entfernt. Mühsamer Wissenserwerb, zu wenig Fakten- und Regelwissen, relativ starre Techniken des Schließens (Inferenz) über den kodierten Wissensbeständen und vor allem zu wenig erfaßtes Alltagswissen sind ihre Hauptmängel. Eine Ursache ist in der hohen Komplexität solcher Systeme und damit in der um Größenordnungen höheren notwendigen Verarbeitungsleistung der Rechner zu sehen, die schon bald zu der Erkenntnis führte, daß algorithmenangepaßte Architekturen z. B. für die Wissensrepräsentation im Rechner und für das Ausführen verschiedener Inferenzprozeduren erfolgversprechender als der Übergang auf rechentechnisch immer leistungsfähigere Supercomputer sein dürften.

Die Erschließung der sich abzeichnenden (enormen) Möglichkeiten der Künstlichen Intelligenz (KI) bei der Schaffung intelligenter Artefakte forderte spezielle Maschinen mit hoher Inferenzleistung, hohem tabellarischem Regelvergleich (lock up), schnellem Durchsatz für semantische Netze u. a. KI-spezifischen Leistungen. Insgesamt war die

Künstliche Intelligenz in ein Stadium getreten, in dem Maschinen denkbar wurden, die in eingeschränktem Maße gesprochene und geschriebene Rede verstehen, Bilder interpretieren und Probleme, die mit der Ausnutzung von Wissensbeständen verbunden sind, lösen können.

Aus diesen Triebkräften – Höchstintegration, massenweiser Einsatz der Rechentechnik und Künstliche Intelligenz – mußte früher oder später ein zusammenfassendes Ziel entstehen: die Schaffung von intelligenten Maschinen zur massenweisen und individuellen Nutzung bei der Lösung von Aufgaben, die umfangreiches Wissen und Intelligenz erfordern, so daß die Rechner zu echten Partnern des Menschen im Arbeitsprozeß werden.

2. Das japanische Projekt zur Schaffung einer 5. Rechnergeneration

Die Japaner waren die ersten, die diese bündelnde Zielstellung nicht nur erkannten, sondern zur Grundlage eines nationalen 10-Jahresprojektes machten. Eingebettet in die Bemühungen des MITI (Ministerium für Internationalen Handel und Industrie) zur Sicherung der langfristigen Entwicklung der japanischen Wirtschaft wurde 1978 der Auftrag zu einer Studie erteilt, mit der im Vorausblick auf 20 Jahre die Möglichkeiten und Zielstellungen der 5. Rechnergeneration untersucht werden sollten. Ausgangspunkt des Auftrages war die Erkenntnis, daß die Rechnerindustrie wie kaum ein anderer Industriezweig auf Grund der minimalen Material- und Energieanforderungen und der hohen Veredelung durch ein Heer gut ausgebildeter, fleißiger Arbeitskräfte geeignet ist, die mit der Konsumgüterelektronik eingeleitete Ausrichtung der japanischen Wirtschaft auf veredlungsintensive, exportorientierte Produkte auszubauen. 15% Eigenversorgung mit Nahrungsmitteln, Rohstoffen und Energie machen es aber notwendig, nicht nur Marktlücken- oder perfektionierte Vorbildprodukte massenweise und billig herzustellen, sondern in immer stärkerem Maße wirtschaftsstrategisch bedeutsame Waren, die das Technologieniveau in breiten Bereichen bestimmen und damit langfristig stabile Chancen für Export und Eigenentwicklung sichern.

Insbesondere stand das MITI vor der Aufgabe, eine Strategie für den Computerweltmarkt der 90er Jahre zu entwickeln. Es gilt, den USA, die auf diesem rasch anwachsenden Bereich eine marktbeherrschende Rolle spielen, entscheidende Marktanteile abzunehmen, wie dies den Japanern bereits auf ausgewählten Gebieten der Elektronikindustrie spezieller Konsumgüter gelungen ist.

Im Oktober 1981 wurde die Studie zur Fünften Rechnergeneration bestätigt und das Programm zu ihrer Realisierung gebilligt (siehe Abb. 4). Abweichend von den üblichen japanischen Kooperationsformen wurde in Monatsfrist ein zentrales Institut, das inzwischen berühmt gewordene ICOT (Institute of New Generation Computer Technology), geschaffen, das die notwendigen wissenschaftlichen Arbeiten führt, die Entwicklungen auslöst und koordiniert. Die geplanten Finanzmittel belaufen sich auf 850 Mio $, von denen der überwiegende Teil in der 3. Projektphase (1989–1992) aufgewendet wird (1982–1984 standen dem ICOT etwa 40 hochspezialisierte Wissenschaftler und 32 Mio $ insgesamt zur Verfügung). Die Arbeiten der ersten Phase des Projektes (1982–1984) wurden ausschließlich vom MITI finanziert, ab Mai 1985 beteiligen sich die führenden japanischen Elektronikfirmen (Fujitsu Ltd., Hitachi Ltd., Matsushita Electric Industrial Co., Mitsubishi Electric Co., Nippon Electric Corp., Oki Electric Industry Co., Sharp C., Toshiba Co.) an der Finanzierung und bestimmen damit auch das Forschungs- und Entwicklungsprofil mit.

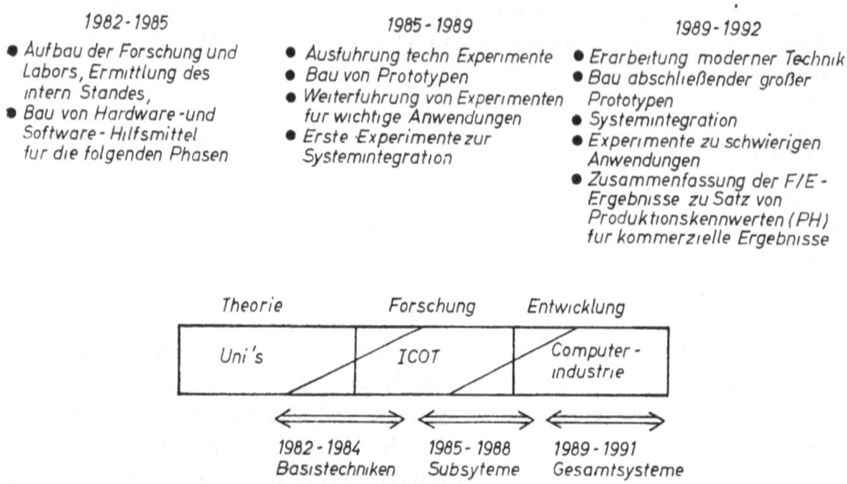

Abb. 4 Etappen des Japanischen FGCS-Projektes

Mit diesem Programm erfolgt ein kardinaler Bruch mit dem Entwicklungskonzept der vier vorhergehenden Rechnergenerationen der noch nicht abgeschlossenen von-Neumann-Ära, nach dem das Ziel darin bestand, mit einem Minimum an Hardware Systeme maximaler Einfachheit zur effektiven Verarbeitung von Software zu schaffen. Mit der Fünften Rechnergeneration treten die funktionellen Eigenschaften der Rechner in den Vordergrund, die Gerätetechnik und Programmtechnik werden zu abgeleiteten Komponenten.[2]

Rechner der 5. Generation sind im wesentlichen durch drei Merkmale gegenüber Rechnern bisheriger Generationen gekennzeichnet:

1. Hohe interne Intelligenz
- Lernfähigkeit
- Verfügbarkeit über adaptiven Problemlöser
- Verwaltung und Bereitstellung enormer Wissensbasen (insbesondere für Expertensysteme)
- Realisierung höherer Arten der Inferenz (deduktives, induktives und analoges Schließen)
2. Leichte Nutzung durch natürliche Interfacegestaltung
- Sprach- und Lauteingabe

– Bild-, Graphik- und Dokumentenkommunikation
– Kommunikation in eingeschränkter natürlicher Sprache (z.B. Fachsprachen)

3. Geräte- und Programmtechnik werden zu aus den funktionellen Anforderungen abgeleiteten Komponenten; der hohe Integrationsgrad ermöglicht eine weitestgehende hardwaremäßige Realisierung auch bisheriger Softwarekomponenten als Spezialarchitektur (z.B. Inferenzmaschine, relationale Datenbasismaschine).

Die Realisierung dieser Merkmale bei Informationsverarbeitungssystemen der 5. Generation, wie sie z.B. beim FGCS-Projekt (Fifth Generation Computer Systems) vorgesehen sind, ist an zwei wesentliche Voraussetzungen geknüpft, die auch die Grundlage für den massenhaften Einsatz derartiger Systeme in den verschiedensten gesellschaftlichen Bereichen darstellen:

a. Erleichterung der Softwareerstellung
– Erhöhung des Anteils der automatischen Programmierung
– Geeignete Sprache für Programmverifikation (UHLL)
– Verbesserte Programmierumgebung
– Nutzung vorhandener Softwarebestände
– Automatische Erzeugung analoger Programme für neue Probleme

b. Verbesserte Leistungsfähigkeit und Ökonomie
– Verbessertes Preis/Leistungsverhältnis für Hard- und Software
– Leichte, kompakte Rechner (integrierbar)
– Erhöhte Adaptierbarkeit und Diversifikation
– Hochzuverlässigkeit
– Entwickelte Möglichkeiten des Geheimnisschutzes
– Erhöhter Nutzen durch Vernetzung.

Bemerkenswert ist die unter Punkt 1 angedeutete Funktion des Lernens, die die Präzisierungsmöglichkeit vager Anforderungen sowie Techniken für den automatisierten Wissenserwerb einschließen soll. Die unter Punkt b. erwähnte Adaptierbarkeit und Diversifikation bedeuten die hard- und softwaremäßige Modularität der Basiskomponenten, die eine Konfigurierbarkeit entsprechend den Anwenderforderungen erlauben.

Grundstruktur und Zusammenspiel der einzelnen Komponenten sind in Abb. 5 dargestellt: Die traditionelle zentrale Verarbeitungseinheit (CPU) wird durch die Problemlösungs- und Inferenzmaschine ersetzt, der Speicher durch die Wissensbasismaschine. Spezialressourcen sichern eine erhöhte Leistungsfähigkeit für spezielle Funktionen, z.B. für numerische Rechnungen, für Symbolmanipulationen sowie für den Datenbankbetrieb.

Weitere Hardwaremittel sind für die Unterstützung der Bild- und Graphikverarbeitung sowie der Sprachverarbeitung vorgesehen. Als Maschinensprache kommt eine logische Programmier- und Wissensrepräsentationssprache zum Einsatz, mit der die elementaren Funktionen der Wissensdarstellung und der Inferenz über den Wissensbeständen auf Maschinenniveau unterstützt werden.

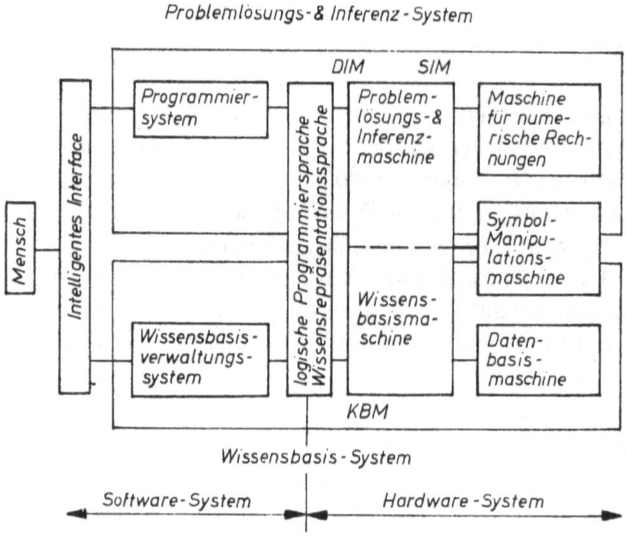

Abb. 5 Basiskomponenten der 5. Rechnergeneration

Um solch integrierte Funktionen wie das Verstehen der Problembeschreibung und der Anforderungsspezifikation, der Synthese von Verarbeitungsprozeduren, der Antwortsynthese auf der Grundlage der Ausgangssignale des Maschinensystems sowie intelligente Interfacefunktionen für Sprach-, Bild- und Lautverstehen zu sichern, enthält das Wissensbasisverwaltungssystem mindestens 3 Wissensbasen, und zwar mit Wissen über die Kommunikationssprache, mit Wissen über das zu behandelnde Problemgebiet sowie mit Wissen über das Hardwaresystem und seine Organisation.

Abbildung 6 enthält eine andere Darstellung der Basiskonfiguration der 5. Rechnergeneration. Der Kern des Softwareprojektes besteht in der Schaffung des Wissensbasisverwaltungssystems und des Problemlösungs- und Inferenzsystems, denen hardwaremäßig die entsprechenden Wissensbasismaschinen bzw. Problemlösungsmaschinen zugeordnet sind. Erkennbar sind die verschiedenen Architekturansätze für den Aufbau der Problemlösungs- und Inferenzmaschine. In der ersten Phase wird eine *sequentielle* Inferenzmaschine als innovative von-Neumann-Architektur aufgebaut, die inzwischen (1984) in Form eines Superpersonalcomputers, der sog. PSI-Maschine (*P*ersonal *S*equential *I*nference), erfolgreich realisiert worden ist. Datenflußarchitekturen sowie Architekturen zur Unterstützung abstrakter Datentypen werden für den Aufbau von Komponenten einer *parallelen* Inferenzmaschine in der 2. Projektphase genutzt, die dann die geforderte Inferenzleistung von 50–1000 MLIPS (LIPS bedeutet Logische Inferenzen pro Sekunde, 1 LIPS entspricht ungefähr 100–1000 konventionellen Maschineninstruktionen pro Sekunde) erreicht.

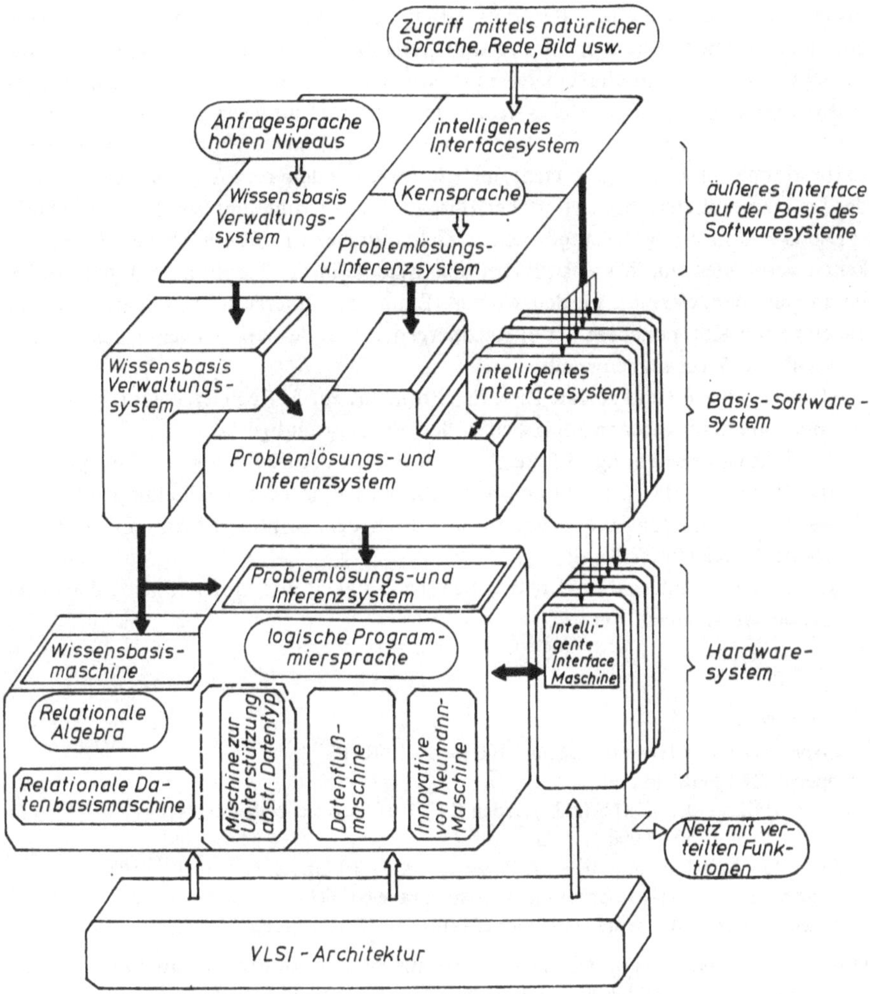

Abb. 6 Ansicht der Grundkonfiguration eines Computersystems der fünften Generationen

Die Relationale-Datenbasis-Maschine mit dem Namen DELTA stützt sich auf den Formalismus der relationalen Algebra und soll als relationale Datenbasismaschine die Suche von Wissenselementen aus einem Bestand von $(0{,}1-1)\times 12^{12}$ Byte in Sekundenbruchteilen gewährleisten.

Ergänzt wird das Projekt durch eine Reihe notwendiger Softwarekomponenten, von denen besondere Bedeutung dem intelligenten Programmiersystem, dem Entwurfssystem für die Wissensbasis und einem intelligenten Entwurfssystem für die VLSI-Schaltkreise beizumessen ist. Außerdem gehören intelligente Nutzersysteme zur Unterstützung der Führung des zukünftigen Nutzers sowie zur Programmierunterstützung insbesondere zur Sicherung der Portabilität von Programmen und Datenbanken, aber auch automatische Inspektions- und Reparatursysteme dazu. Anwendersysteme betreffen die automatische Übersetzung von einer Sprache in die andere, Frage-Antwortsysteme, Sprachverstehsysteme für bestimmte ausgewählte Problemgebiete, ein System zum Verstehen von Bildern und Figuren sowie Problemlösungssysteme für bestimmte Anwendungsbereiche, insbesondere aus dem rechnergestützten Entwurf, der rechnergestützten Instruktion, der Büroautomatisierung und der Robotertechnik.

Die Quantifizierung der angestrebten Zielparameter ist mit erheblichen Schwierigkeiten verbunden, da Wissensverarbeitungssysteme in der Regel nicht durch wenige Parameter charakterisiert werden können. Einige charakteristische Zielparameter für die einzelnen Komponenten der 5. Rechnergeneration des japanischen Projektes sind in Abbildung 7 zusammengefaßt.

Als ökonomische und soziale Ziele des Projektes zur 5. Rechnergeneration werden von den Japanern folgende Aufgaben in den Vordergrund gerückt:

- Produktivitätserhöhung in Bereichen mit derzeit relativ niedriger Arbeitsproduktivität wie Landwirtschaft, Bergbau, Dienstleistungsbereiche, Leitung und Verwaltung, Ausbildung u.a. sowie Einsatz der neuen Technik für eine sinnvolle und kreative Freizeitgestaltung
- Erhöhung der internationalen Wettbewerbsfähigkeit und Unterstützung der internationalen Kooperation

Zielparameter:

Problemlösungs- und Inferenzmaschine: 100 M bis 1 GLIPS
Etappen: (SIM – 0,1 MLIPS
(PSI – 0,1 MLIPS (z.Z. werden 0,2 MLIPS als sicher betrachtet)
PIM – 50–1000 MLIPS
- Data-flow-Maschine mit $10^3 - 10^4$ Prozessoren, 1–10 GByte, (1–10) 10^{12} IPS
- Abstrakte Datentyp-Maschine mit ≤ 1000 parallelen nicht von-Neumann-Maschinen
- Innovative von-Neumann-Maschine: $(1-10) \cdot 10^6$ Transistoren/Chip

Wissensbasisverwaltungsmaschine: Suche in sec. aus Bestand mit $(0{,}1-1) \cdot 10^{12}$ Byte
- Relationale Algebra-Maschine mit ~500 Prozessoren, (0,01–1) GByte

Datenbankmaschine: bis 10^{12} Byte, 10^4 Transaktionen/s, RDBM
Hochgeschwindigkeitsmaschine für numerische Rechnungen: 1000 Prozessoren, 10^{12} FLOPS

Anwendungssysteme:
- Maschinelles Übersetzungssystem: 100000 Worte, 90% Sicherheit
- FAS: 5000 Worte, 10000 Regeln (für CAE/CAD; DSS; Roboter)
- Sprachdiktat: 10000 Worte
- Sprachkonversation: 10000 Worte
- Sprecher-Identifikationssystem: für 50–60 Sprecher

Bild- und Figurverarbeitung: 100000 auffindbare Pieces; Reaktion in ~100 ms
Intelligentes VLSI-CAD-System: $(1-10) \cdot 10^6$ Transistoren/Chip

Abb. 7 Ausgewählte Zielparameter des Japanischen Projektes zur 5. Rechnergeneration

- Sparsamster Umgang mit Energie und Ressourcen, und zwar sowohl im Hinblick auf die Nutzung der neuen Rechnergeneration für energiearme Techniken als auch im Hinblick auf die Gesamtprofilierung der japanischen Industrie auf rohstoff- und energiearme Industriezweige wie die Informationsindustrie
- Beiträge zur Lösung der Probleme einer alternden Gesellschaft, deren Lebenserwartung laufend steigt und die damit vor der Notwendigkeit steht, im Verlaufe eines Arbeitslebens mehrfach Zusatzbildung zu vermitteln und besonders in den älteren Lebensjahren eine vernünftige Beschäftigung, z.B. über Heimarbeit am Terminal, zu sichern.

Neben diesen offiziell verkündeten Zielen wird deutlich, daß mit diesem Projekt Japan eindeutig begonnen hat, Führungspositionen in Forschung und Entwicklung zu beanspruchen und in den 90er Jahren eine führende Rolle auf dem Gebiet der Computerindustrie einnehmen will. Einer der Ausgangspunkte ist aber auch die These „Wissen ist Macht", die hier im Zusammenhang mit der Verstärkung der geistigen Fähigkeiten des einzelnen und der gesamten Gesellschaft durch die Mittel der neuen Rechnergeneration gesehen wird.

3. Andere nationale und internationale Projekte zur 5. Rechnergeneration

Das japanische Projekt zur 5. Rechnergeneration ist unzweifelhaft das homogenste und ausgewogenste Projekt, das trotz des hohen Risikocharakters versucht, ausgehend von den Basiskomponenten einer neuen Rechnergeneration die Mittel für die breite Anwendung und den weiteren Ausbau dieser Technik zu schaffen. Bei weitem weniger homogen und z.T. nur als Antwort auf die sogenannte japanische Herausforderung entstand eine Reihe anderer Projekte, die deshalb aber nicht unbedingt weniger wirksam sein müssen. Insgesamt wird abgeschätzt, daß bis 1990 mehr als 10 Milliarden Dollar zusätzlich für Forschung und Entwicklung in die Informationstechniken investiert werden.

Die verschiedenen Programme können kurz wie folgt charakterisiert werden:

USA: – In den USA setzt man auf die im militärischen Bereich forcierten Entwicklungen zur Rechentechnik sowie auf die Programme der großen Konzerne bzw. auf die sich in den letzten Jahren herausgebildeten Kooperationsformen. An erster Stelle ist das SCI (Strategic Computing Initiative) der DARPA[3] zu nennen, das von 1984–1990 mit einem Aufwand von ungefähr 0,6–1 Milliarde Dollar finanziert wird. Schwerpunkte sind Anwendungssysteme der Künstlichen Intelligenz für autonome Vehikel mit dem Ziel ihres Einsatzes als führerlose Schlachtfeldtechnik sowie Expertensysteme zur Unterstützung der Führung komplizierter Technik bis hin zum großflächigen Schlachtfeldmanagement, bei dem an den Einsatz eines verteilten Expertensystems mit über 20000 Regeln und einem Rechnersystem mit einer Rechenleistung von 10^{10} Instruktionen pro Sekunde gedacht ist. Im Unterschied zum japanischen Projekt werden hier auch neue Schaltkreistechnologien zur Erreichung hoher Geschwindigkeiten auf Gallium-Arsenid-Basis in die Entwicklung einbezogen, die sich auf eine inzwischen errichtete Pilotlinie zur Herstellung hochintegrierter Ga-As-Schaltkreise stützt.

Weitere Programme in den USA betreffen die Halbleiterforschung (SRC – Semiconductor Research Cooperation), Mikroelektronik und Rechentechnik unter starker Heraushebung der Künstlichen Intelligenz (MCC – Microelectronics and Computer Technology Cooperation) sowie mikroelektronische Grundtechnologien (MCNC – Microelectronics Center of North Carolina).

BRD: In der BRD existiert seit 1984 ein 5jähriges Förderungsprogramm, bei dem mit einem Aufwand von etwa 2,7 Milliarden Mark insbesondere sogenannte Verbundvorhaben zwischen Forschung und Industrie gefördert werden. Diese Vorhaben betreffen die Entwicklung von Rechnerperipherie, der Submikrometertechnologie, CAD-Systeme für Rechner, neue Rechnerstrukturen insbesondere für die schnelle Bildverarbeitung, Knowledge Engineering sowie Industrieautomatisierung.

Frankreich: In Frankreich wird eine Reihe verschiedener Programmformen genutzt, insbesondere die sogenannten nationalen Projekte die den Charakter relativ kurzfristiger Entwicklungsvorhaben besitzen und mit 7 Startvorhaben zum VLSI-Entwurf, zur Softwaretechnologie, zu CAD/CAM, zu CAI (Computer Aided Instruction), zur maschinellen Übersetzung, zur Displayentwicklung und zur Entwicklung von Komponenten von Mikro- und Minirechnern begannen und inzwischen auf 14 nationale Projekte ausgedehnt wurden. Weitere Formen sind die sogenannten gemeinsamen Forschungsprojekte zum Technologietransfer zwischen verschiedenen Einrichtungen, die kooperativen Forschungsgruppen der CNRS sowie thematische Forschungsgruppen z. B. zur Sprachverarbeitung und Symbolverarbeitung.

Großbritannien: In Großbritannien wird ein nationales Programm mit einer Stützung von etwa 350 Millionen Pfund in 5 Jahren realisiert. Dieses sogenannte Alvey-Programm enthält als Schwerpunkte:

- Softwaretechnologie, bei der man das Ziel verfolgt, bis 1990 die Weltspitzenposition einzunehmen
- Mensch-Maschine-Interface
- Intelligente Wissensbasissysteme
- VLSI-Entwurf und Technologie.

Relativ große Aufmerksamkeit hat das gemeinsame westeuropäische Programm der EG-Länder für den Zeitraum 1984–1994 „ESPRIT“ hervorgerufen, das mit 5 Milliarden ECU gefördert werden soll. Die Schwerpunkte dieses Programmes umfassen:

- Mikroelektronik, insbesondere Submikrometertechnologien
- Softwaretechnologie
- Informationsverarbeitung, hier verstanden als Künstliche Intelligenz und Knowledge-Engineering
- Büroautomatisierung
- Computer Integrated Manufacturing (CIM).

Mit diesen Basistechnologien soll die Wettbewerbsfähigkeit Westeuropas in den 90er Jahren gesichert werden.

Bei der Ausarbeitung der meisten Programme stand im Hintergrund eine Erkenntnis, die vom Leiter der DARPA, Robert KAHN, bündig folgendermaßen zusammengefaßt wurde: „Die Nation, die auf diesem Informationsverarbeitungsgebiet dominiert, wird die Schlüssel zur Weltführung im 21. Jahrhundert in den Händen halten" und die das imperialistische Machtstreben und Konkurrenzdenken einzelner Länder und Programme deutlich charakterisiert.

Es ist leider nicht möglich, in diesem Beitrag auf diese Programme genauer einzugehen. Da sie aber zumindest in den zukunftsweisenden Bestandteilen weitgehend an dem japanischen Projekt zur 5. Rechnergeneration orientiert sind, dürfte die Auseinandersetzung mit dem japanischen Projekt im Rahmen dieser Darlegungen interessant und auch hinreichend sein.

4. Chancen und Perspektiven

Um die Chancen der Projekte zur 5. Rechnergeneration zu bewerten, ist es notwendig, sich die entscheidenden Gebiete von Wissenschaft und Technik genauer anzuschauen. Der Entwicklungsfortschritt zur 5. Rechnergeneration wird im wesentlichen durch die Entwicklung von 3 Grunddisziplinen getragen:

- Künstliche Intelligenz
- Rechnerarchitektur
- VLSI-Entwurf und Technologie.

Hinzu kommt noch die Softwaretechnologie (Software Engineering), deren reale Anwendungsmöglichkeiten vor allem über die Bewältigung der Softwareentwicklungsarbeiten entscheiden dürfte.

4.1. Künstliche Intelligenz

Eine zentrale Frage auf dem Gebiet der Künstlichen Intelligenz ist die Wissenscodierung, d.h. die Überführung von Wissen in eine rechnerinterne Darstellung.

Wissen besteht im Unterschied zu den Daten nicht nur aus den Datenstrukturen, sondern ebenfalls aus den Prozeduren zur Interpretation dieser Datenstrukturen und zur Herleitung neuer Datenstrukturen. Wissen betrifft Objekte, Ereignisse und Fähigkeiten und läßt sich auf verschiedene Art und Weise im Rechner darstellen. Die Art und Weise der Wissensdarstellung kann die 3 Stufen der Wissensverarbeitung, nämlich Wissenserwerb, die Suche relevanter Fakten für eine Problemlösung und das Schließen oder Urteilen mehr oder weniger unterstützen. Wissensdarstellung und Schließen stehen in einem engen Zusammenhang. Ein Grundproblem für den Aufbau einer ganz neuen Generation von Rechentechnik mit wissensverarbeitenden Fähigkeiten besteht in der Auswahl der geeigneten Formen der Wissensdarstellung sowie der entsprechenden Schlußprozeduren, und zwar in der Auswahl derjenigen Formalismen, die auf Maschinenebene maximal unterstützt werden müssen.

Am weitesten ausgearbeitet sind gegenwärtig die Methoden des formalen oder *deduktiven* Schließens, bei denen syntaktische Manipulationen von Datenstrukturen nach vorgegebenen Inferenzregeln erfolgen, auf deren Grundlage neue Fakten abgeleitet werden. Die Grundlage des deduktiven Schließens sind die Methoden der mathematischen Logik, vor allem der Prädikatenkalkül erster Stufe.

Eine mächtigere Form des Schließens besteht in der Ausnutzung *prozeduralen* Wissens, also von Wissen darüber, wie etwas zu machen ist. Dieses Wissen kann z. B. in Form von kleinen gespeicherten Programmen abgerufen werden und führt zu den Formen des sogenannten prozeduralen Schließens. Das Wissen wird dementsprechend in prozeduraler Form gespeichert. Die Programme zur Umformung bzw. Lösung spezieller Aufgaben in gut spezifizierten Situationen sind potentiell in der Lage, mit wenigen Schlußschritten qualitativ neue Kenntnisse zu gewinnen. Der Nachteil dieser Technik besteht darin, daß sie wenig universell ist und klar umrissene Anwendungssituationen erfordert.

Wenig ausgearbeitet und nur in einigen Grundansätzen beherrscht werden die Methoden des *analogen* Schließens,[4] bei der in der Regel auf Ähnlichkeiten zwischen Wissenselementen bzw. Wissensstrukturen zurückgegriffen wird. Ebenfalls wenig ausgearbeitet sind die Methoden des Generalisierens und Abstrahierens, die jedoch eine Grundlage für den automatischen Wissenserwerb darstellen.

Um mit der riesigen Komplexität der Wissensdarstellung und der möglichen Inferenzprozeduren besser fertig zu werden, gewinnt die Frage der Hierarchisierung des Wissens immer größere Bedeutung. Ein Ansatz besteht im sogenannten Meta-Level-Schließen, bei dem das Wissen über vorhandenes Wissen genutzt wird.

In den letzten Jahren haben die sogenannten Produktionssysteme auf Grund ihres modularen Charakteres und ihres Datenbankzuschnitts wachsende Popularität erlangt. Grob lassen sich Produktionssysteme als Datenbanken mit integrierten Produktionsregeln in Form von Bedingungs-Aktions-Mechanismen charakterisieren, von denen die Wenn-Dann-Regel die weitverbreiteteste ist. Die Zusammenfassung von relativ umfangreichem, hierarchisch strukturiertem Wissen in sogenannten Frames ist ebenfalls ein Ansatz, der in modernen Systemen wachsende Verbreitung findet.

Das Hauptproblem besteht nun darin, daß beim Aufbau wirklich leistungsfähiger Wissenssysteme auf die verschiedenen Formen der Wissensdarstellung und des Schließens zurückgegriffen werden muß. Die Methoden des Überganges von einer Form der Wissensdarstellung in eine andere sind jedoch noch weitgehend ungelöst und stützen sich auf die Einbeziehung der geistigen Fähigkeiten des Wissensingenieurs.

Der japanische Ansatz für das Wissensrepräsentations- und Inferenzsystem beruht darauf, daß die auf dem Prädikatenkalkül erster Stufe aufgebauten Methoden des logischen Programmierens für die Wissensrepräsentation und für die Ausführung von Inferenzprozeduren auf Maschinenniveau gewählt wurde. Bei aller mitunter geäußerten Kritik an dem gegenwärtig bekanntesten Vertreter der logischen Programmiersprachen – PROLOG – ist zuallererst festzustellen, daß damit auf eine wirklich mathematisch beherrschte Elementarform der Wissensverarbeitung zurückgegriffen wurde.[5] Als mögliche Alternative hätte eigentlich nur die funktionelle Programmiersprache LISP, die sich bei den KI-Spezialisten in der ganzen Welt großer Beliebtheit erfreut, zur Verfügung gestanden.

Die logische Programmiersprache PROLOG beruht auf einer eingeschränkten Prädikatenlogik erster Stufe. Generell lassen sich ja alle logischen Ausdrücke der 1. Stufe in folgender Form darstellen:

$$A_1 \vee A_2 \vee \ldots \vee A \rightarrow B_1 \wedge B_2 \wedge \ldots \wedge B_M .$$

Dabei bedeutet der nach links gerichtete Pfeil die Implikation, das Zeichen $\vee$ – die Oder-Verknüpfung und das Zeichen $\wedge$ – die Und-Verknüpfung. Der Ausdruck wird damit gelesen als: B1 und B2 und ... B_M implizieren A1 oder A2 oder ... A_N. Bei der PROLOG zugrunde gelegten eingeschränkten Prädikatenlogik 1. Stufe werden nur Implikationen mit einer Konklusion zugelassen (HORN-Logik). Diese sogenannten Horn-Klauseln haben damit folgende Form:

$$A \rightarrow B_1 \wedge B_2 \wedge \ldots \wedge B_M .$$

Die entsprechende Notation in PROLOG erfolgt als:

$$A{:}-B_1, \ldots, B_M .$$

Ein einfaches, aber die Grundideen gut verdeutlichendes Beispiel mag die Vorgehensweise bei der Wissensrepräsentation und bei der Parallelisierung von Inferenzmechanismen andeuten (siehe Abb. 8). Die Definitionen in PROLOG haben den Charakter von Regeln, während Fakten nicht weiter auflösbare Wissenselemente darstellen. In unserem Fall charakterisiert die V-Relation die Vaterschaft, also: Peter ist Vater von Franz usw., während die M-Relation die Mutterschaft repräsentiert. *G* stellt die Großvaterrelation von *X* gegenüber *Y* dar, die dann gegeben ist, wenn *X* der Vater von *Z* ist und *Z* die Mutter von *Y* oder wenn *X* der Vater von *Z* ist und *Z* der Vater von *Y*. Die nebeneinander stehenden Regeln zeigen die sogenannte Oder-Parallelität, die zur parallelen Abarbeitung ausgenutzt werden kann. Die Und-Parallelität ist durch

„und"
Definitionen: G(X, Y): – V(X, Z), M(Z, Y).
„oder"
G(X, Y): – V(X, Z), V(Z, Y).

Fakten: V (Peter, Franz): –
V (Peter, Maria): –
V (Franz, Paul): –
M(Maria, Paul): –
} Datenbasis

Fragen: : – G(Peter, Paul)? Ja/Nein-Frage
(Ziele) : – G(?, Paul) W-Frage
: – G(Peter, ?) Inverse W-Frage

G(Peter, Paul)?
„und"
V(Peter, ?) V(?, Paul)
Unification
V(Peter, Franz) V(Franz, Paul)

Abb. 8 Beispiel für logisches Programmieren

die Verknüpfung der Relationen Vater und Mutter bzw. Vater und Vater in den beiden Definitionen für die Großvaterschaft präsent. Die möglichen Fragen laufen auf die Bestätigung einer Relation, also auf sogenannte Ja/Nein-Fragen, hinaus; hier in unserem Fall: Ist Peter Großvater von Paul? Die zweite Fragen-Klasse sind Wer-, Wie-, Was-Fragen, also z. B.: Wer ist der Großvater von Paul? sowie inverse W-Fragen wie: Von wem ist Peter der Großvater?

Betrachten wir die Frage nach der Großvaterschaft zwischen Peter und Paul, also: „Ist Peter Großvater von Paul?" Um diese Frage zu beantworten, muß der implementierte Problemlöser die Definitionsregeln für die Großvaterschaft aufrufen, also die erste Regel, die wiederum aufgelöst wird in Vaterschaft von *X* gegenüber *Z* und von *Z* gegenüber *Y*, sowie die in Vater- und Mutterschaft aufzulösende, die mit der ersten durch eine Oder-Relation verknüpft und hier nicht explizit angegeben ist. Nach den Definitionen ist dann die Großvaterschaft von Peter gegenüber Paul zu überprüfen, indem die Vaterschaft von Peter gegenüber einem Dritten geprüft wird und die Vaterschaft dieses Dritten gegenüber Paul. Diese Faktenprüfung erfolgt durch sogenannte Unfikationsprozeduren, die, grob gesagt, darauf hinauslaufen, die entsprechenden Fakten in der Datenbasis zu suchen und die Fragen durch Fakten zu ersetzen. Diese Suche nach entsprechenden Fakten in der Datenbasis kann bei mehrstelligen Relationen ebenfalls parallelisiert werden. Der nur dem Vater – Vaterschaftsteil – betreffende Graph der Frage nach der Großvaterschaft von Peter gegenüber Paul ist in Abbildung 8 unten dargestellt.

Logisches Programmieren in PROLOG läuft darauf hinaus, daß das Wissen in Form von logischen Aussagen (Horn-Klauseln) dargestellt wird. Die Problemschilderung erfolgt ebenfalls in gleicher Weise. Die Beantwortung einer Fragestellung bedeutet dann die Konstruktion des logischen Beweises des geforderten Ausdruckes und ist auf Grund der erläuterten Deduktionsregeln einfach formalisierbar und maschinenimplementierbar.

Der Vorteil von PROLOG bzw. PROLOG-ähnlichen Wissensrepräsentationssprachen besteht in der leichten Parallelisierbarkeit der Verarbeitungsprozeduren, in der problemlosen Erweiterung der Wissensbasis, in der Transparenz und damit leichten Erlernbarkeit sowie in der Entlastung von der expliziten Formulierung deduktiver Schlüsse, die durch den in der Sprache enthaltenen Theorembeweiser dem Programmierer abgenommen werden. Zu den Nachteilen der Sprache PROLOG ist in erster Linie das Fehlen einer Unterstützung der funktionellen Programmierung, wie sie bei LIPS gegeben ist, zu zählen; hinzu kommen fehlende Modularität, Uneffizienz bei einer sequentiellen Abarbeitung (die ja gerade auch den Ausgangspunkt für die Erweiterung von PROLOG zur Concurrent-PROLOG-Sprache[6] darstellte), das Fehlen von Prädikaten höherer Ordnung, die unvollkommene Beherrschung der Negation und das Fehlen von Lernmechanismen.

Trotzdem dürfte die Wahl von PROLOG als Ausgangspunkt für die Entwicklung von maschinennahen Wissensrepräsentations- und Inferenzsprachen der richtige Schritt im japanischen Projekt zur 5. Rechnergeneration gewesen sein. Der japanische Ansatz beruht auf Unterstützung dieser Sprache durch speziell entworfene Hardware.

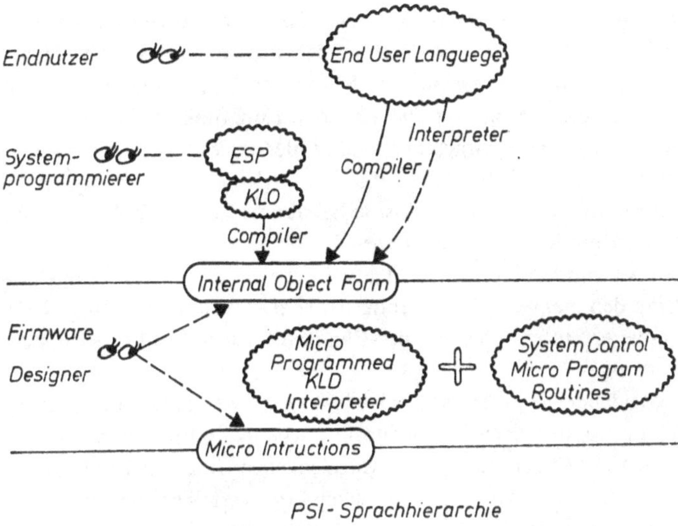

Abb. 9 Sprachhierarchie der PSJ Maschine (ließ KLO statt KLD)

Anhand der für die erste Projektphase durchgeführten Sprachentwicklung wird deutlich, wie im Rahmen des japanischen Projektes versucht wird, die Nachteile der unmittelbaren Verwendung von PROLOG als Programmiersprache zu umgehen (Abb. 9).

Als Maschinensprache der PSI-Maschine wird die PROLOG-ähnliche Kernsprache KL 0 verwendet. Sie stellt eine PROLOG-Version dar. Die eigentliche Programmiersprache der PSI-Maschine ist ESP (Extended self-contained Prolog). Sie bildet eine Makro-Assemblersprache, in der der funktionelle und der objektorientierte Programmierstil vereint werden. In der Abbildung nicht gezeigt, aber von erheblicher Bedeutung ist der praktische Nachweis, daß sich auch Betriebssysteme, wie das inzwischen fertiggestellte Betriebssystem SIMPOS für die PSI-Maschine, in prädikatenlogischer Sprache – hier in ESP – schreiben lassen. Die Erfahrungen bei der Realisierung der ersten Phase des japanischen Projektes zeigen aber auch, daß die Erweiterung der Kernsprache durch prädikatenlogische Ausdrücke höherer Ordnung für Modularisierung und Hierarchisierung erforderlich ist. Es scheint, daß nicht nur die logische Programmierung besonders mit Relationen höherer Stufe parallel arbeitende Maschinen erfordert, sondern daß parallele Maschinen die Formen einer höheren Stufe der Programmiersprache notwendig machen.

Wie weiter unter ausgeführt wird, besteht ein schwieriges Problem bei der Beherrschung parallel arbeitender Rechnerarchitekturen in der Schaffung der Programmiermöglichkeiten. Es gibt Experten, die es als einen der größten Nebeneffekte des Projektes zur 5. Rechnergeneration Japans bezeichnen, wenn dabei Programmiermethoden entstehen, die wirklich zur Programmierung paralleler Maschinen führen.

Es soll an dieser Stelle deutlich vermerkt werden, daß die vielfältigen Kritiken an der Wahl einer PROLOG-ähnlichen Kernsprache eigentlich nicht dem japanischen Ansatz gerecht werden, bei dem schon auf der Ebene der Programmiersprache im Makro-Assembler-Niveau die Einführung und Unterstützung funktioneller Elemente und objektorientierter Notationen vorgesehen und in der ersten Projektphase auch erfolgreich realisiert worden sind.[7]

Als Mittel gegen die kombinatorische Explosion bei der mechanischen Abarbeitung deduktiver Inferenzen in großen Wissenssystemen ist der Einbau von Meta-Niveau-Inferenzen, d.h. der Aufbau von mehrschichtigen Inferenzsystemen unbedingt notwendig. Verknüpft mit den mehr vertikal orientierten Hierarchisierungsmethoden der Prädikatenkalküle höherer Stufen scheinen hier Chancen für eine Strukturierung der Inferenzprozeduren zu bestehen.

Ein weiterer entscheidender Punkt für den Aufbau von Wissenssystemen besteht in der Entwicklung von kooperativen Problemlösungstechniken, bei denen verschiedene, parallel aufgebaute Wissensbasen auf verschiedenen Interpretationsniveaus zur Anwendung kommen. Der Austausch zwischen den verschiedenen Prozessen erfolgt mittels schichtweise aufgebauter globaler Datenbanken (Black-board-Architekturen). Standardisierte Problemlösungsrahmen sind ebenfalls notwendig, um zu einer Technologie des Aufbaus von Inferenzsystemen zu gelangen.

Zusammenfassend ist einzuschätzen, daß mit der Wahl der logischen Programmiersprache PROLOG als Ausgangspunkt des gesamten Wissensrepräsentations- und Inferenzsystems ein erfolgversprechender Ansatz vor allen Dingen für die Bewältigung der hohen Komplexität von Wissensverarbeitungssystemen gemacht worden ist. Der eigentliche Flaschenhals bei der Vorbereitung der 5. Rechnergeneration besteht jedoch in der Organisation des Wissenserwerbes für die verschiedenen Wissensbasen. Gegenwärtig wird das Wissen stückweise durch Wissensingenieure (Knowledge Engineers) sozusagen in geistiger Manufakturtätigkeit programmiert und der Maschine eingegeben. Der Wissensingenieur betreibt diesen Wissenserwerb eher als Kunst denn als technologisch durchgearbeitete Tätigkeit. Mit dem ihm verfügbaren ad-hoc-Wissen über die Repräsentationsmöglichkeit für ein gegebenes Problem entscheidet er sich für die eine oder andere Art der Wissensrepräsentation und den entsprechenden Ansatz für den Aufbau der Wissensbasis und des Inferenzsystems. Die gegenwärtige Produktivität beim Wissenserwerb beträgt etwa ein Wissenselement pro Stunde.

Bei Wissensbasen mit $10^4 - 10^5$ Wissenselementen für spezielle Anwendungen, wie sie heute in der Künstlichen Intelligenz üblich sind, kann man sich leicht den enormen Aufwand für den Wissenserwerb vorstellen. Hinzu kommt, daß gegenwärtig kaum Methoden für die Modifikation von Wissensbasen zur Verfügung stehen, die die Nutzung von Teilen oder der gesamten Wissensbasis in anderen Wissenssystemen für z.B. andere Anwendungsbereiche erlauben. Die Wissensbasen sind wenig strukturiert und kaum aufteilbar. Lerntechniken für die Unterstützung des maschinellen Lernens und damit für die Erweiterung der Wissensbasis stehen gegenwärtig nur in ersten Ansätzen zur Verfügung. Eine Ursache für diesen Stand besteht darin, daß der Wissenserwerb wesentlich wissensgestützt zu erfolgen hat, d.h. das System muß viel Wissen integriert haben, um lernfähig zu werden. Besonders für Wissenssysteme, die sich die Aufgabe des Sprachverstehens gestellt haben, ist diese Aufgabe wegen des hohen Anteils zu integrierenden Alltagswissens außerordentlich schwierig. Alltagswissen ist schlecht strukturiert und im Gegensatz zu den hochstrukturierten Systemen der Mathematik, Naturwissenschaft und Technik einer maschinengerechten Wissensdarstellung nur schwer zugänglich. Für zukünftige große Wissenssysteme ist ebenfalls das Problem der automatischen Übersetzung von Dokumenten in Elemente von Wissensbasen zu bewältigen. Dabei sind das in der Dokument-Systematik enthaltene Regelwissen und die Semantik des Dokumentaufbaus zu nutzen.

In Abbildung 10 sind Stand, Zwischenziele und Endziele der 5. Rechnergeneration für die verschiedenen Gebiete des Aufbaus von Wissensbasen, der Entwicklung von Techniken des Wissenserwerbs, der Knowledge-Engineering-Methoden sowie des Nutzersysteminterfaces dargestellt.[8] Die Tabelle macht deutlich, daß ohne fundamentale Weiterentwicklungen bei der Wissensrepräsentation und bei der Entwicklung von Technologien des Wissenserwerbs die angestrebten Anwendungsziele nicht erreicht werden können. Jedoch ist gerade auf diesem Gebiet der Künstlichen Intelligenz die weitere Entwicklung mit Impulsen, die sich aus der vollständigen Nutzung von Parallelisierungsmöglichkeiten ergeben, verbunden, so daß eine durchaus begründete Aussicht besteht, in den verbleibenden 8 Jahren die notwendigen Voraussetzungen für die Umwandlung der Knowledge-Engineering-Methoden aus einer Kunst in eine industrielle Technologie zu bewältigen.

Auf dem Gebiet der *Spracherkennung* wird der gegenwärtige Stand durch Systeme charakterisiert, die isolierte Worte aus einem begrenzten Vokabular und bei begrenzter Sprecheranzahl erkennen. Der Satzbau ist nicht frei, sondern durch verschiedene Restriktionen und Verbote eingeschränkt. Dieser Stand ist typisch für die kommerziellen Produkte auf diesem Gebiet, wie sie bei Video-Spielen bzw. technischen Systemen verschiedenster Art zur Anwendung kommen. Meist wird das Vokabular durch zehn bis einigen Hundert Worten begrenzt, für jeden Sprecher ist ein spezielles Training des Systems notwendig, eine klare Aussprache mit kurzer Pause zwischen den Worten ist erforderlich. Für Real-Time-Anwendungen müssen Arrayprozessoren eingesetzt werden.

Anspruchsvolle Projekte betreffen den Aufbau von Diktiermaschinen mit 10–20000 Worten, wobei im Projekt von IBM Pausen zwischen den Worten gefordert werden, 6 Sprecher zugelassen werden sollen und eine Erkennungssicherheit von 95% angestrebt wird. Der Ansatz zum Aufbau des Systems beruht hier auf klassischen informationstheoretischen Gesetzen, über einen Likelyhood-Ansatz wird die Erkennungswahrscheinlichkeit unter Berücksichtigung des Kontextes maximiert.

Das Hauptproblem beim Aufbau von Spracherkennungssystemen, wie sie für das Projekt der 5. Rechnergeneration benötigt werden, besteht im Abbau der o.g. Einschränkungen. Aus gegenwärtiger Sicht erscheint dies nur möglich, wenn das System mit umfangreichem Kontextwissen über das jeweilige Problemgebiet versehen wird und damit in der Regel auch einen umfangreichen Anteil von Alltagswissen enthält. Das von den Japanern angestrebte Sprachkonversationssystem mit etwa 10000 Worten

Gebiet	Stand	Zwischenziele	Ziele FGCS
Wissensbasis	$10^4 - 10^5$ Wissenselemente manuell kodiert für spezielle Anwendungen	Modifikation von Wissensbasen für Nutzungen in Anwendungen (Aufteilbarkeit)	$10^8 - 10^9$ Wissenselemente universell nutzbar, 10 oder mehr WE/h
Wissenserwerb	1 WE/h ohne Standardtools für Wissensdarstellung	5 WE/h ohne weitverbreitete Wissensrepräsentationstools	maschinelles Lernen
Knowledge-engineering-methoden	Ad hoc Wissen über Repräsenstationsmöglichkeit für jedes Problem	Standard-W.-Repräsentation, Standard-Modelle physikalischer Systeme und für Kausalität	Fundamentale Durchbrüche bei Wissenskodierung
Nutzersystem-Interface	Stilisierte Sprache begrenzte Graphikmöglichkeit	Standardversionen, beschränkte Spracherkennung und Sprachverarbeitungsmodule	Vollständige natürliche Sprache, Spracherkennung und maschinelles Sehen

Abb. 10 Stand und Ziele für den Aufbau von Wissenssystemen

scheint deshalb eines der schwierigsten Ziele des Gesamtprojektes zu sein. Man darf erwarten, daß dieses Ziel noch nicht zum Abschluß der Projektphase 1992 erreicht wird, sondern erst in der Phase des Ausbaus und systematischen Aufbaus der verschiedenen Wissensbasen, die mit der Anwendungsverbreiterung der 5. Rechnergeneration einhergehen.

Ein weiteres wesentliches funktionelles Merkmal der 5. Rechnergeneration besteht nach dem japanischen Projekt in der Möglichkeit der Kommunikation zwischen Rechner und Umgebung bzw. Mensch und Rechner mit Hilfe komplexer *Bilder und Graphiken*. Auch hier besteht das Hauptproblem in dem Aufbau entsprechender Wissenssysteme. Der Mensch sieht und versteht extrem komplexe Szenen mit einem Blick, während der Rechner zum gegenwärtigen Zeitpunkt zu ähnlichen Leistungen nur bei extrem stark eingeschränkten Bedingungen in der Lage ist. Die Ursache dafür besteht darin, daß die empfangenen Bildsignale keine Information über die Bildtiefe, über verdeckte Teile, über die Ursachen für die verschiedenen Helligkeiten wie z.B. Objektreflektanz, Einfallswinkel, Beleuchtungsbedingung u.a. enthalten. Das Bild enthält also nicht die notwendige Information, um es eindeutig zu analysieren und zu beschreiben. Zur Interpretation von Bildern wird somit ein großer Wissenskörper über die Objekte, die Relationen zwischen ihnen sowie ihr Verhalten bei den verschiedenen Beleuchtungsbedingungen benötigt.

Ein weiteres Problem besteht darin, daß die Verarbeitung von Bildern mit dem Aufbau extrem großer Speicher und von Verarbeitungssystemen extrem hoher Rechengeschwindigkeit verbunden ist. Für Vorverarbeitungsprozeduren mittlerer Komplexität werden pro Pixel etwa 100 Operationen benötigt, so daß für ein Bild aus $1\,000 \times 1\,000$ Bildpunkten schon etwa 10^8 Operationen notwendig sind. Die Komplexität der Informationsverarbeitung im menschlichen Auge und Gehirn wird durch extreme Parallelität unterstützt. Die Netzhaut des menschlichen Auges hat etwa 10^8 Zellen, die mit einer Arbeitsfrequenz von etwa 100 Hz relativ komplizierte Operationen durchzuführen in der Lage sind, so daß man auf eine untere Geschwindigkeitsgrenze von etwa 10^{10} Operationen pro Sekunde kommt. Die Visualcortex des Gehirns ist unzweifelhaft noch leistungsfähiger. Diesen Verarbeitungsleistungen muß sich ein maschinelles Bildverarbeitungssystem stellen. Jedoch sind diese Verarbeitungsleistungen von den quantitativen Kenngrößen her weniger das Problem, da die entsprechenden Parallelisierungsmöglichkeiten bei hoher Grundverarbeitungsgeschwindigkeit heute schon derartige Leistungen auf relativ geringem Raum erreichen lassen. Schwieriger ist der Ausbau wissensgestützter Methoden für die Vorverarbeitung (d.h. für die Ableitung der Merkmale von Objektelementen wie Kanten, Segmenten u.ä.), die Zwischenverarbeitung (d.h. für die Ableitung von Szenenmerkmalen wie Oberflächenorientation, Oberflächenformen, Abstände zum Betrachter u.ä.) sowie zur Szenenbeschreibung (d.h. zur Anpassung von Modellen bekannter Objekte an die dedektierten Szenenmerkmale). Die Hauptmethode für universelle Bildverarbeitungssysteme besteht deshalb im Aufbau von simplifizierten Weltmodellen für die verschiedensten Anwendungsbereiche und in der Ableitung der entsprechenden modellgestützten Objekterkennungsmethoden. Prinzipiell unterscheidet sich das Herangehen nicht von dem bei der Spracherkennung, jedoch sind für viele praktisch bedeutsame Anwendungsbereiche die Erfolgschancen bei der Bildverarbeitung wesentlich höher zu bewerten als bei der Spracherkennung.

4.2. Rechnerarchitektur

Trotz verschiedener Ansätze zur parallelen Arbeit von Prozessoren oder Prozessorelementen war für die Rechner der 1.–4. Generation die von-Neumann-Architektur dominant, bei der die sequentielle Organisation des Abarbeitungsprozesses systemprägend ist. Auch die SIMD (Single instruction multiple data)-Architekturen stellen hier keinen qualitativ neuen Schritt dar. Als Arrayprozessoren, Vektorrechner, Bildverarbeitungsprozessoren u.ä. ordnen sie sich gut in das Konzept der Programmiersprachen der von-Neumann-Architekturen ein, das durch ein zentralisiertes, sequentiell arbeitendes Steuerwerk und dementsprechend durch sequentielle Maschinensprachen niedrigen Niveaus gekennzeichnet ist. Erste Ansätze für echt parallel arbeitende Prozessoren wurden eigentlich nur bei der Kopplung weniger großer Prozessoren in Rechnersystemen gesammelt. Die angestrebten Leistungsparameter der 5. Rechnergeneration lassen sich jedoch nur durch hohen Parallelisierungsgrad sowohl der Daten als auch der Steuerbefehle, also mit prinzipiell neuen Rechnerarchitekturen, erreichen.[9]

Der Übergang von sequentiellen zu daten- und steuerungsparallelen Maschinen (MIMD-Maschine – multiple instruction multiple data) ist mit einigen grundlegenden Problemen verbunden. Zunächst ist anzustreben, bei Verwendung von N Prozessoren eine Leistungsfähigkeit des Systems, die proportional zu N ist, zu erreichen. Alle bisher vorgeschlagenen Architekturlösungen kranken jedoch an dem „Viele Köche verderben den Brei"-Syndrom. Das heißt mit wachsendem N werden die Prozessoren immer stärker mit der Organisation des Datenaustausches und der Aufgabenverteilung beschäftigt, so daß die Gesamtleistung bei vielen Architekturen ab einem bestimmten N sogar wieder abfällt, zumindest jedoch immer weniger wächst oder gegen einen asymptotischen Wert strebt. Systeme mit zentralen, nichtparallelen Steuerungen wie Vektorrechner, Arrayprozessoren und auch SIMD-Maschinen vermeiden diesen Effekt auf Kosten einer radikalen Beschränkung auf eine oder wenige zulässige Datenstrukturen. Das führt dazu, daß die Leistungsfähigkeit für nicht zugelassene Datenstrukturen meist sofort auf die eines Einzelprozessors abfällt.

Die Entwicklungen von MIMD-Architekturen mit mehreren tausend Prozessoren sind zusätzlich mit einer Reihe bisher ungelöster Probleme verbunden. Unter diesen ist zuerst die Frage nach geeigneten Programmiertechniken zu nennen, wobei es nicht nur um die eigentliche Programmerstellung, sondern ebenfalls um Methoden für das Laden und die Inbetriebnahme der Programme geht. Für Systeme mit wenigen Prozessoren sind graphische Bildschirmtechniken zur interaktiven Zerlegung der Aufgabe und Ableitung der Daten- und Instruktionsflüsse geeignet, wie sie heute schon bei der Programmierung einiger SIMD-Maschinen verwendet werden. Für Systeme mit sehr vielen Prozessoren sind solche Methoden allenfalls elementare Hilfsmittel für einige Etappen der Programmierung, jedoch als Grundmethodik ungeeignet.

Mit der Programmierung eng zusammenhängend ist die Frage nach der Entwicklung von Betriebssystemen für MIMD-Maschinen. Wenig Erfahrungen existieren ebenfalls bei der Auswahl der Prozessoren (viele leistungsschwache oder wenige leistungsstarke?), bei der Organisation des Zusammenwirkens mit den Datenein- und -ausgabekanälen u.v.a. Trotz dieser unbeantworteten fundamentalen Fragen sind bereits erfolgversprechende Prinzipien und darauf aufbauende Ansätze entwickelt worden. Man kann die MIMD-Maschinen als steuerungsgetriebene, datengetriebene oder anforderungsgetriebene Systeme aufbauen. Dabei wird unter steuerungsgetrieben die zentral oder dezentral organisierte Abarbeitung des Instruktionsflusses, unter datengetrieben die Abarbeitung von Operationen entsprechend den Verknüpfungsmöglichkeiten der durch das System wandernden Daten und unter anforderungsgetrieben – die Abarbeitung entsprechend den durch einen übergeordneten Algorithmus vorgegebenen Reduktionsmöglichkeiten (z.B. PROLOG-Abarbeitung) verstanden. Diese Prinzipien sind nicht „orthogonal" in dem Sinne, daß sich Merkmale der jeweiligen prinzipumsetzenden Architekturen vielfach überdecken können.

Als ein schon mehrere Jahre in verschiedenen Forschungsprojekten verfolgter und erfolgsversprechender Ansatz sei hier nur der Datenflußrechner vorgestellt, der übrigens – in einfachster Form als pipeline-Bildverarbeitungsprozessor der japanischen Firma NEC (Nippon Electric) – ersten kommerziellen Anwendungen zugeführt wurde. Repräsentativ für den gegenwärtigen Stand dürfte das Datenflußrechnerprojekt der Universität Manchester sein. In Abb. 11 ist an Hand des Markenflusses der Datenflußgraph für eine einfache numerische Rechnung gezeigt. Die entsprechend den Datenflußgraphen durch das System wandernden Daten werden miteinander verknüpft,

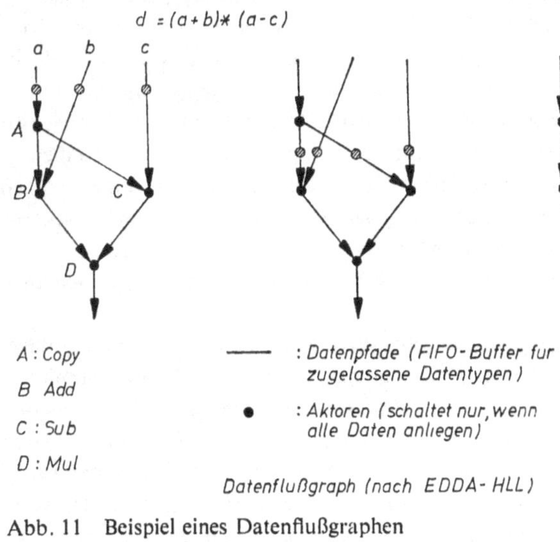

Abb. 11 Beispiel eines Datenflußgraphen

sobald die für die Ausführung einer angestrebten Operation benötigten Daten an einem der Prozessoren anliegen. Im Manchester-Projekt[10] wird das z.B. dadurch erreicht, daß bis zu 30 Ringe nach Art des in Abb. 12 gezeigten für die Zirkulation und Zu-

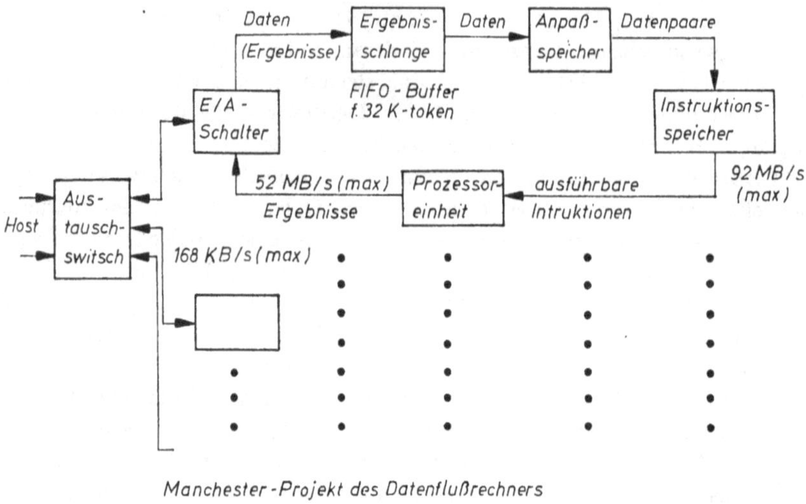

Abb. 12 Manchester-Projekt des Datenflußrechners

sammenführung der Daten aufgebaut werden. Der Anpaßspeicher eines Ringes räumt ein Datenpaket aus der Ergebnisschlange ab und versucht, es mit einem zweiten zu vereinen, um ein für eine bestimmte Operation benötigtes Datenpaar herzustellen. Wenn dieser Versuch erfolgreich verläuft, wird das Datenpaar an den Instruktionsspeicher weitergereicht, wo die geeignete Instruktion hinzugefügt wird, so daß das gesamte Datenpaarpaket an die Prozessoreinheit zur Ausführung übergeben werden kann. Verarbeitbare Einzeldaten werden vom Anpaßspeicher sofort weitergegeben. Nichtverarbeitbare Einzeldaten, für die kein Partner gefunden wird, verbleiben im Anpaßspeicher. Die Prozessoreinheit besteht aus vielen Einzelprozessoren, so daß die Datenübergabe während der Abarbeitung längerer Operationen nicht blockiert wird und ein hoher Parallelisierungsgrad erreicht werden kann (pro Ring sind 12 Prozessoren vorgesehen, für das System werden 10^9 Instruktionen pro Sekunde angestrebt).

Ein Datenflußrechner ist auch im japanischen Projekt für den Aufbau der parallelen Inferenzmaschine (PIM) vorgesehen. Nach heutigen Kenntnisstand dürfte damit eine recht sichere Basis für eine hochgradig parallele Maschine mit $10^3 - 10^4$ Prozessoren vorhanden sein. Weitere spezialisierte Architekturen sind für die Relationale Datenbankmaschine, für Interfaceprozessoren u.a. Aufgaben vorgesehen. Es dürfen jedoch auch die gegenwärtig offensichtlich unterbewerteten datenstrukturorientierten Architekturlösungen für Inferenzprozesse z.B. in Form einer PROLOG-Maschine nicht außer Acht gelassen werden. Die Zukunft muß zeigen, welche Konzepte kurz-, mittel- und langfristig zu den besten Ergebnissen führen, wobei Vergleiche nur im Rahmen des jeweils vorgesehenen Einsatzzweckes bzw. Funktionsumfanges sinnvoll sind. Auf jeden Fall dürfte es kaum prinzipielle Zweifel an der architekturgestützten Umsetzungsmöglichkeit der FGCS-Ziele geben.

4.3. VLSI-Entwurf und -Technologie

Die Ziele zur Entwicklung der 5. Rechnergeneration stellen nur recht gemäßigte, den Extrapolationen von 1980 entsprechende Anforderungen an die weiteren Fortschritte auf dem Gebiet der Schaltkreistechnologie. Das ist natürlich, war ja die Diskrepanz zwischen technologisch beherrschtem Integrationsgrad und systematischer Funktions- und Anforderungsgestaltung gerade eine treibende Kraft in Richtung einer neuen Generation der Rechentechnik. Der inzwischen (1984) erreichte Stand der führenden Industriestaaten, charakterisiert durch Speicherschaltkreise mit einem Speichervolumen von 256 KByte bzw. 32-bit-Mikroprozessoren mit 450 Tausend Transistoren auf einem Chip, zeigt, daß die der 5. Rechnergeneration zugrunde gelegte Realisierungsbasis, nämlich Schaltkreise mit 10^6-10^7 Transistoren pro Chip, realistisch ist.

Hochgradig anspruchsvollere Ziele sind beim Entwurf zu erreichen. Geht man davon aus, daß heute für einen 10^6-Transistoren-Schaltkreis bei Verwendung modernster Entwurfsmittel je nach Regularität 40—800 Mannjahre veranschlagt werden müssen und rechnet für die Einführungsphase der neuen Rechnergeneration nur mit 10^2-10^3 höchstintegrierten Schaltkreistypen, so wären 10—100 Taus. Mannjahre für den Entwurf aufzubringen, d.h. in den letzten 3 Jahren des japanischen Projektes wären das Tausende bis Zehntausende qualifizierte Entwerfer, eine absurde Vorstellung.

Drastische Reduzierungen des Entwurfsaufwandes sind aber möglich. Die Methoden dazu reichen von der Nutzung regulärer Strukturen wie Speicher, Bit-slice-Technik, PLA (programmable logic array), systolische Arrays (in Zukunft) über automatische Implementierungstechniken, wie sie heute für den Gate-array-Entwurf, Standardzellenentwurf, Speicherfeldentwurf usw. üblich sind, bis zur hierarchischen Entwurfszergliederung, wie sie für den Top-down-Entwurf typisch ist. Die Zergliederung der Entwurfsebenen kann dabei zu Interfaceproblemen führen, so daß automatische Chipmontageprogramme dringend notwendig werden, die z.B. für die elektrische Verbindung zwischen den Blöcken, die Kontrolle der elektrischen Pegel und der Leistungsumsetzung sowie die Anordnungsoptimierung sorgen. Die Arbeiten mit gut dokumentierten Blöcken auf allen Entwurfsebenen sichert einen hohen Grad an Wiederverwendbarkeit und Erweiterbarkeit des Entwurfssystems.

In den Blickpunkt rücken in den letzten Jahren immer mehr Expertsysteme zur Wissensstützung beim Entwurf. Sie sollen nicht nur das vom Entwerfer zu beachtende Wissen über technologisch bedingte Entwurfsregeln, über Standardansätze auf elektrischem und logischem Niveau usw. zur Verfügung stellen, sondern in wachsendem Maße auch Wissen über komplexe Funktionsblöcke und ihre Verknüpfungsmöglichkeiten. Gebunden sind solche Entwurfssysteme an hochleistungsfähige Rechentechnik. Auch das japanische Projekt beinhaltet den Aufbau eines intelligenten CAD-Systems für VLSI-Schaltkreise mit $\geq 10^6$ Transistoren, mit dem eine automatische Umsetzung der Anforderungsspezifiikation in ein komplettes Layout zu erfolgen hat. Obwohl die Entwurfsziele hochgesteckt sind, erwartet auf diesem Gebiet niemand unüberwindliche Schwierigkeiten.

4.4. Software Engineering

Die Produktivität der Softwareentwicklung spielt eine bedeutende Rolle bei der Abwägung der Chancen zur Realisierung einer neuen Rechnergeneration. Drohend und anklagend erheben Software-Spezialisten ihre Stimme und verweisen auf die in den letzten 20 Jahren nur um etwas mehr als auf das Doppelte gewachsene Produktivität der Programmentwicklung und -pflege, während die Rechnerleistung in der gleichen Zeit um mehr als 3 Größenordnungen gewachsen ist. Sind diese Kassandra-Rufe berechtigt?

Tatsache ist, daß die über den gesamten Softwarezyklus — von der Anforderungsspezifikation bis zur Programmpflege — gemittelte Produktivität eines Software-Ingenieurs gegenwärtig bei 10 Programmzeilen pro Tag liegt (interessanterweise beträgt die Produktivität eines Schaltkreisentwerfers ebenfalls im Mittel 10 Funktionselemente pro Tag). Dabei ist jedoch zu beachten, daß der überwiegende Aufwand für die Wartung und Pflege eines historisch gewachsenen, riesigen und schlecht strukturierten Softwarebestandes getrieben werden muß. Der Wert der zu erhaltenden Softwarebestände liegt weltweit bei einigen 100 Md. US $ und bestimmt das Niveau der Programmarbeit.

Demgegenüber stehen hochentwickelte Programmentwicklungstechniken wie rechnergestützte Programmierarbeitsplätze mit leistungsfähigen Software-tools, Codebibliotheken für getestete Programmblöcke, automatische Codegeneratoren, Programmiersprachen hohen Niveaus, Methoden der strukturierten Programmierung u.a., deren Anwendbarkeit durch die Sünden der Vergangenheit drastisch beschränkt wird. Aber gerade bei großen und neuen Softwareprodukten, bei denen nur in beschränktem und wohldefiniertem Maße auf alte Programmbestände zurückgegriffen wird, sind die Chancen deutlich günstiger.

Achtet man im Rahmen derartiger Programme von vornherein auf Wiederverwendbarkeit der Software, auf eine abgestimmte und einheitliche Programmierumgebung mit modernen Software-tools, Graphik, Hochsprachen und intelligenten Softwareverwaltungssystemen und vor allem auf eine konsequente Prototyparbeit mit den Kernversionen der zu entwickelnden Programme und Sprachen zur rechtzeitigen und umfassenden Eliminierung von Fehlern, so dürfte die Produktivität der Softwareentwicklung durchaus eine Größenordnung höher als der gegenwärtige Mittelwert angesetzt werden.

Zu denken gibt jedoch der Umstand, daß — nach Angaben verschiedener Quellen geschätzt und nicht als gesicherte Aussage zu betrachten — die Produktivität bei der Entwicklung des Betriebssystems SIMPOS der japanischen Inferenzmaschine offensichtlich auch nur zwischen 15 und 30 Programmzeilen pro Entwickler und Tag lag.

Allerdings wird mit der PSI-Maschine (Personal sequential inference) auch erst *ein Teil* der notwendigen Programmierumgebung für das japanische Projekt geschaffen, so daß endgültige Aussagen über die Chancen der riesigen Softwareentwicklungsarbeiten des japanischen Projektes verfrüht sind.

Zusammenfassend müssen die Erfolgschancen des japanischen Projektes zur 5. Rechnergeneration sowie ähnlicher Programme anderer Länder als hoch eingeschätzt werden. Selbstverständlich ist für das Ende des anvisierten Programmzeitraumes, also für den Anfang der 90er Jahre, noch kein abgeschlossenes, durchweg anwendungsbereites und voll vernetztes System intelligenter Wissensverarbeitungsmaschinen zu erwarten, aber die Konturen des Systems und seine Basiskomponenten werden das Bild der Rechentechnik zu prägen beginnen. Viele Teilergebnisse in Form hochentwickelter Expertsysteme, Symbolverarbeitungsmaschinen, Spezialrechner für Bild- und Sprachverarbeitung u.a. stehen schon jetzt an der Schwelle der breiten Anwendungseinführung.

5. Vorlaufprojekte der sozialistischen Länder

Auf Initiative der Akademie der UdSSR wurde durch die entsprechenden Grundlagenforschungseinrichtungen der Akademien sowie verschiedener Hochschulen und Universitäten der sozialistischen Länder eine Konzeption zur Schaffung einer neuen Rechnergeneration ausgearbeitet. In der Konzeption werden der in den sozialistischen Ländern erreichte Stand analysiert und die wichtigsten Forschungsaufgaben sowohl für die Forcierung des Entwicklungstempos von Komponenten der 4. Rechnergeneration als auch für die systematische Organisation des notwendigen Vorlaufs für eine 5. Rechnergeneration abgeleitet. Die Zusammenarbeit wird im Rahmen von 10 Komplexprojekten erfolgen, deren schwerpunktmäßige Absicherung durch internationale Basislabors gestützt wird. Der Erfolg dieses Projektes wird in hohem Maße von der Effektivität und Unkompliziertheit des Zusammenwirkens der Grundlagenforschungseinrichtungen mit den Industrien unserer Länder abhängen.

Eine ausführlichere Information über dieses Projekt ist an anderer Stelle vorgesehen.

Anmerkungen

1 Vgl. z.B. P. H. WINSTON: Artificial Intelligence. Addison Wesley 1977. – A. BARR, E. A. FEIGENBAUM (eds.): Handbook of Artificial Intelligence, Vol. I–III. Stanford 1981–82.

2 Vgl.T. MOTO-OKA: Fifth Generation Computer Systems. Proc. of the Int. Conf. on FGCS, Tokyo, Japan, 10/19–22, 1981. North Holl. Publ. Company, Amsterdam, New York, Oxford 1982, chap. 2. – Fifth Generation Computer Systems '84. Proc. of the Int. Conf. on FGCS, 6–9 11/1984. Ed. by ICOT, Tokyo, Japan 1984, vor allem den Bericht "ICOT Research and Development" darin.

3 Defense Advanced Research Projects Agency.

4 Vgl. z.B. M. HARAGUCHI: Towards a Mathematical Theory of Analogy. Bull. Inf. Cyb. 21 (1985), No. 3/4, pp. 29–56.

5 Vgl. z.B. J. W. LLOYD: Foundations of Logical Programming. Springer-Verlag, Berlin (West), 1984.

6 E. Y. SHAPIRO: A Subset of Concurrent PROLOG and its Interpreter. Techn. Rep. TR-003 ICOT, Tokyo, Japan, 1983.

7 Eine PROLOG-Version mit objektorientiertem Programmierstil wurde auf der Grundlage von M- und T-PROLOG als TS-PROLOG entwickelt, vgl. I. FUTO, T. GERGELY: Modelling cooperative systems in TS-PROLOG, 1985 SCS Multiconferences on AI, Simulation and Graphics, San Diego, Calif., 1/21–26, 1985, Proc. pp. 21–26.

8 F. HAYES-ROTH: Codifying human knowledge for machine reading, Spectrum, 11/1983.

9 Das heißt selbstverständlich nicht, daß der Weiterentwicklung der von-Neumann-Maschinen keine Bedeutung beizumessen ist. Auch im japanischen Projekt wird der innovativen von-Neumann-Architektur gebührende Beachtung geschenkt (s. Abb. 6).

10 JOHN R. GURD: The Manchester Dataflow Machine, Intnat. Symposium on Fifth Generation and Super Computers, Rotterdam, 12/1984.

ISBN 3–05–500 008–0
ISSN 0138–3965

FSC
www.fsc.org
MIX
Papier | Fördert
gute Waldnutzung
FSC® C083411

Zeitfracht Medien GmbH
Ferdinand-Jühlke-Straße 7
99095 Erfurt, Deutschland
produktsicherheit@kolibri360.de